Vente des 23 et 24 Février 1865

OBJETS D'ART

ET DE CURIOSITÉ

BRONZES D'ART ET D'AMEUBLEMENT

Exposition le Mercredi 22 Février 1865

Me Ch. PILLET, Commissaire-Priseur

MM. MANNHEIM et FEBVRE

EXPERTS

PARIS. IMPRIMERIE DE PILLET FILS AINÉ
5, RUE DES GRANDS-AUGUSTINS

CATALOGUE

D'UNE NOMBREUSE RÉUNION

D'OBJETS D'ART

ET DE CURIOSITÉ

Émaux de Limoges;
Sculptures en bois et en ivoire; Grès et Faïences;
Bronzes d'art et d'ameublement;
Pendule et six Candélabres de très-grandes dimensions,
en bronze, avec Groupes d'après CLODION, et sortant des ateliers de M. Crozatier;
Bijoux et Tabatières; Miniatures;
Porcelaines de Saxe, de Chine et du Japon; Meubles anciens; Tapisseries;
Quantité d'Objets variés

DONT LA VENTE AURA LIEU

HOTEL DROUOT, SALLE N° 1

Les Jeudi 23 et Vendredi 24 Février 1865

A UNE HEURE ET DEMIE

Par le ministère de Me **CHARLES PILLET**, Commissaire-Priseur,
rue de Choiseul, n° 11,

Assisté de MM. **MANNHEIM**, Experts, rue de la Paix, 10,

Et de M. **FEBVRE**, Expert, rue Laffitte, 12,

Chez lesquels se distribue le présent Catalogue.

EXPOSITION PUBLIQUE

Le Mercredi 22 *Février* 1865, *de une heure à cinq heures.*

CONDITIONS DE LA VENTE

Elle sera faite au comptant.

Les acquéreurs payeront, en sus des adjudications, *cinq pour cent*, applicables aux frais.

Paris. Imp. PILLET FILS AÎNÉ, rue des Grands-Augustins, 5.

DÉSIGNATION

DES OBJETS

Porcelaines

1 — Un très-grand vase, forme cylindrique, en porcelaine du Japon. Fond blanc, paysage décoré en camaïeu bleu.

2 — Une garniture de cinq pièces en porcelaine du Japon, d'une belle qualité, forme balustre, ornée de paysages et personnages en relief, émaillée bleu, rouge et or.

3 — Une garniture de cinq pièces, potiches et cornets, forme pans coupés, émaillée bleu, rouge et or.

4 — Deux vases forme bouteille, à anses et anneaux mouvants, porcelaine du Japon. Fond blanc et ornements bleus.

5 — Une jolie garniture de trois vases, en ancien craquelé,

à anses et anneaux mouvants, et frise sur la panse réservée en brun.

6 — Deux vases à grosses panses, en porcelaine du Japon, fond blanc, à fleurs en relief en bleu.

7 — Une fontaine en porcelaine du Japon, ornée d'oiseaux, fleurs et feuillages, décor polychrome, montée en bronze doré.

8 — Trois petits vases, porcelaine du Japon, décor polychrome.

9 — Une cruche à panse sphérique, porcelaine du Japon, fond blanc et bleu, couvercle en argent.

10 — Une cruche en porcelaine de Chine, fond blanc, décorée de fleurs, polychromes; la charnière du couvercle est en argent.

11 — Une petite cruche, porcelaine du Japon, fond blanc et bleu, couvercle en argent.

12 — Quatre sucriers ronds et à piédouche, à anses formées par des carpes et à couvercles à boutons de fleurs. Porcelaine du Japon, décor polychrome. Seront vendus par paire.

13 — Un sucrier, forme ronde et à piédouche, à anses carrées et décor polychrome. Porcelaine du Japon.

14 — Porcelaine du Japon. — Petit brûle-parfums, forme ronde et à supports, décor polychrome, à fleurs et à feuillages.

15 — Porcelaine du Japon. — Une écuelle, fond bleu, imitant le craquelé, ornée de médaillons, portraits de mandarins peints en rouge.

16 — Porcelaine de l'Inde. — Un beurrier représentant une perdrix, posée sur un plateau.

17 — Deux petits vases forme bouteille, à goulot allongé en céladon craquelé, à anses à anneaux mouvants et frises sur la panse en couleur brune.

18 — Porcelaine du Japon. — Deux plateaux forme contournée et jolis décors polychromes.

19 — Porcelaine du Japon. — Grande soupière, forme ronde, fond blanc et décors polychromes.

20 — Porcelaine de Chine. — Grand plateau creux, fond blanc et décor polychrome à fleurs.

21 — Porcelaine de Chine. — Jardinière de forme ovale, décorée de fleurs en émaux de la famille verte.

21 *bis* — Porcelaine du Japon. — Deux salières à trépieds.

22 — Porcelaine de Chine. — Un grand plat rond et creux, dont le fond est décoré de paons et de fleurs; le bord, ainsi que le marli, est orné de fleurs émaillées de couleurs variées.

23 — Porcelaine dn Japon. — Un platean forme contournée, décor polychrôme à fleurs.

24 — Porcelaine de Chine. — Un plateau forme octogone, composé du plateau du milieu et de huit petits plateaux à compartiments, formant entourage, fond blanc, décor polychrôme à fleurs et oiseaux.

25 — Coupe ronde en porcelaine du Japon, à double fond ; l'intérieur à rosaces et treillages à jour, fond blanc et à ornements bleus.

26 — Porcelaine du Japon. — Deux vases à couvercles et à anses, fond blanc, et paysages émaillés en bleu.

27 — Porcelaine du Japon. — Un petit vase à fleurs sur piédouche et à anses, fond blanc ornementé de bleu.

28 — Porcelaine du Japon. — Une petite jardinière et son plateau, forme ronde et à bords évasés, fond blanc et ornements bleus.

29 — Deux coupes rondes et un cornet, fond craquelé chamois, à fleurs en émaux de couleurs.

30 — Porcelaine de Chine. — Deux tasses forme ronde, fond blanc et fleurs dorées.

31 — Porcelaine du Japon. — Deux cornets sur piédouche, forme ronde et à côtes, décor polychrome à fleurs.

32 — Porcelaine du Japon. — Deux théières, fond blanc et décors polychrômes.

33 — Porcelaine du Japon. — Deux tasses à chocolat avec couvercles, fond blanc et décors polychromes.

34 — Porcelaine du Japon. — Une coupe richement décorée en bleu, rouge et or.

35 — Porcelaine de Chine. — Plateau carré long, à coins arrondis et galerie à jour à grands feuillages, décoré en couleurs.

36 — Porcelaine de l'Inde. — Une marronière de forme ronde et son plateau, décor polychrôme.

37 — Porcelaine du Japon. — Six tasses et une théière. fond blanc, décor polychrome.

38 — Porcelaine du Japon. — Quatre grandes tasses à chocolat avec leurs soucoupes, fond blanc, et beaux ornements polychromes.

39 — Porcelaine de Chine. — Huit belles assiettes, le fond et le marli richement décorés en couleur.

40 — Porcelaine du Japon. -- Dix assiettes et un plateau, décors polychromes. Belle qualité.

41 — Porcelaine du Japon. — Quatre assiettes et un plateau, décor polychrome.

42 — Porcelaine du Japon. — Quatre assiettes creuses. décor polychrôme.

43 — Porcelaine de Chine. — Six assiettes, fond blanc, décorées d'oiseaux et de fleurs, émaillés de couleurs variées.

44 — Porcelaine de Chine. — Six compotiers, fond blanc, oiseaux et fleurs émaillés de couleurs variées.

45 — Porcelaine de Chine. — Cinq assiettes, décorées de fleurs et d'oiseaux émaillés de couleurs variées.

46 — Porcelaine de Chine. — Deux plateaux creux, décorés d'oiseaux et de fleurs, en émaux de la famille verte.

47 — Porcelaine de Chine. — Une assiette creuse, décor polychrome d'une grande finesse.

48 — Porcelaine de Chine. — Deux cornets ornés de vagues et de carpes, décorées en couleurs.

49 — Porcelaine de Chine et du Japon. — Trois pièces : un petit sucrier et deux petites théïères, à panses sphére ques, décors polychromes.

50 — Porcelaine du Japon. — Une saucière, à quatre lobes

et à anses serpent, ainsi que deux petites tasses mignonnettes, fond blanc et bleu.

50 bis — Porcelaine de Sèvres. — Un beurrier, fond blanc et fleurs en camaïeu rouge.

51 — Porcelaine de Berlin. — Deux petites glacières, fond blanc et fleurs émaillées de couleurs variées.

52 — Porcelaine de Saxe. — Deux tasses, forme droite, fond blanc, décorées de sujets de chasse et dorées à l'intérieur.

53 — Porcelaine de Saxe. — Un pot à tabac, forme cylindrique, à couvercle, fond blanc, décoré de fleurs émaillées en couleurs variées.

54 — Porcelaine de Saxe. — Une tasse, forme cul de poule, fond blanc, à médaillon, figurine émaillée de couleurs variées.

55 — Porcelaine de Saxe. — Un cabaret composé de vingt et une pièces, fond blanc, gauffré, et fleurs en camaïeu bleu.

56 — Porcelaine de Saxe. — Un cabaret de onze pièces, fond blanc, ornements dorés et fleurs en relief.

57 — Porcelaine de Saxe. — Un sucrier, de forme ovale basse et à contour, fond blanc gaufré et à fleurs émaillées de couleurs variées.

*

57 *bis* — Porcelaine de Saxe. — Trois pièces : un panier, deux petits pots à couvercle, fond blanc gaufré et décorés de fleurs de couleurs variées.

58 — Porcelaine de Saxe. — Une tasse à deux anses, à couvercle et soucoupe, fond blanc gaufré et fleurs émaillées de couleurs variées.

59 — Porcelaine de Saxe. — Un cabaret composé de treize pièces, fond blanc à côtes, à fleurs en camaïeu rouge, et rehauts d'or.

60 — Porcelaine de Saxe. — Une cuvette, fond blanc et fleurs en camaïeu rouge.

61 — Porcelaine de Saxe. — Une tasse de forme élancée, fond blanc gaufré et fleurs émaillées de couleurs variées.

62 — Porcelaine de Saxe. — Une écuelle fond blanc et fleurs en camaïeu rouge.

63 — Porcelaine de Saxe. — Deux flambeaux à colonnes cannelées, fond blanc et doré.

64 — Porcelaine de Saxe. — Un cabaret composé de onze pièces : assiettes, bol, sucrier, théière, etc., fond blanc et ornements en camaïeu bleu.

64 *bis* — Porcelaine d'Allemagne. — Deux salières forme contournée, fond blanc et médaillon, oiseaux.

65 — Porcelaine de Saxe. — Deux assiettes fond blanc gauffré à dentelles d'or et à médaillons, marines.

66 — Porcelaine d'Allemagne. — Une glacière fond blanc, gauffré à fleurs émaillées de couleurs variées.

Faïences

67 — Une cruche, fond violacé, et médaillon en camaïeu bleu; couvercle en étain.

68 — Une cruche, fond blanc, décor polychrome à fleurs; couvercle en étain.

69 — Une cruche, fond blanc, décor polychrome; couvercle en étain.

70 — Une cruche fond blanc, et dessins bleus, couvercle en étain.

71 — Une cruche fond blanc, ornée de dessins bleus et médaillon offrant un cavalier.

72 — Une cruche en terre de Munich, à ornements émaillés, couvercle en étain.

73 — Deux beurriers en faïence de Delft, l'un présentant un dindon et l'autre un brochet.

73 *bis* — Un sabot en faïence de Strasbourg, fond blanc, à fleurs enlacées.

74 — Deux plateaux forme contournée, fond blanc et bleu. Faïence de Delft.

75 — Quatre cruches en grès de Flandre. (Pourront être vendues séparément.)

76 — Deux magots debout, en terre de Bocarro, émaillés de couleurs variées.

Bronzes

77 — Deux vases en bronze chinois, forme balustre, à anses à dragons et anneaux mouvants.

78 — Un vase en bronze japonais, à fleurs et oiseaux en relief sur la panse.

79 — Une garniture de trois vases en bronze japonais, à fleurs et oiseaux sur la panse.

80 — Une garniture de trois petits vases en bronze japonais, à ornements en relief et gravés.

81 — Bronze japonais. — Une cassolette formée d'un oiseau perché sur un rocher.

82 — Bronze japonais. — Deux cassolettes formées par des oiseaux, et un autre oiseau ne s'ouvrant pas.

Pierres de Lard

83 — Confucius debout, sur un rocher; son costume est finement gravé et doré.

84 — Un poussah.

85 — Une coupe forme contournée, entourée de ceps et de feuilles de vigne.

86 — Deux pièces : une théière et une tasse à ornements gravés en relief.

Bijoux

87 — Tabatière ovale à cuvette en jaspe sanguin, montée à gorge et à charnière en or.

88 — Bonbonnière forme contournée en cristal de roche, monture en vermeil.

89 — Très-petite bonbonnière de forme ovale, en cristal de roche, montée à gorge, et piédouche en or; dans un étui en galuchat.

90 — Tabatière de forme contournée, à ornements en relief en verre rubis, montée en vermeil.

91 — Tabatière forme carrée en porcelaine de Saxe, à médaillon paysage, montée en vermeil.

92 — Tabatière carrée en porcelaine de Saxe, à médaillon de paysage, montée en vermeil.

93 — Tabatière carrée en porcelaine de Saxe gaufrée et décorée de fleurs, montée en vermeil ; à l'intérieur, un sujet de conversation.

94 — Tabatière carrée en porcelaine de Saxe, fond blanc et à fleurs, montée en argent ; à l'intérieur, un sujet de conversation.

95 — Tabatière de forme carré-long en porcelaine de Saxe, fond blanc et à fleurs ; à l'intérieur du couvercle, une bergerie ; montée en vermeil.

96 — Tabatière en porcelaine de Saxe, forme carrée, fond blanc et à fleurs, monture en vermeil.

97 — Tabatière en porcelaine de Saxe, forme ovale, fond blanc, à fruits et oiseaux, montée en vermeil.

98 — Tabatière forme ovale en porcelaine de Saxe gaufrée et à fleurs, montée en argent.

99 — Tabatière forme panier, porcelaine de Saxe, gaufrée et décor de fleurs, montée en cuivre.

100 — Bonbonnière en porcelaine de Saxe, imitant une noix, fond blanc gaufré et à fleurs, monture en vermeil.

101 — Un étui en porcelaine de Saxe. représentant un enfant au maillot, monture en vermeil.

102 — Un étui en porcelaine de Saxe, fond blanc, à fleurs dorées, monté à douille en or.

103 — Un étui en porcelaine de Saxe, fond blanc, à fleurs émaillées, monture en argent.

104 — Un étui en porcelaine de Saxe, forme aplatie gaufrée. à fleurs et à médaillons émaillés.

105 — Un étui en or. époque Louis XV. à fleurs ciselées en relief.

106 — Un étui en écaille piquée et posée or, imitant le lierre.

107 — Un étui en vernis de Martin, fond or à oiseaux et arbres coloriés, contenant un flacon et un calendrier remontant à 1777.

108 — Un étui en vernis de Martin, fond brun et fleurs variées.

109 — Un étui en vernis de Martin, fond or et à pois.

110 — Un étui en vernis de Martin à mille raies. sur fond gorge de pigeon.

111 — Une navette en vernis de Martin, fond vert et ornements dorés.

112 — Deux boites en forme de trèfle en filigrane de Chine, dorées en partie.

113 — Deux gobelets forme arrondie, en vermeil repoussé.

114 — Une boîte ronde en argent repoussé, à rinceaux et fleurs en relief.

115 — Une boîte ovale en argent repoussé à fleurs.

116 — Une cassolette en vermeil repoussé, modèle rocaille imitant un vase.

117 — Une cuiller à manche et à ornements ciselés en relief.

118 — Une coupe de forme contournée, repoussée à fleurs et ornements, et dorée en partie.

119 — Une coupe de forme contournée, ayant une tulipe au centre, et dorée en partie.

120 — Une coupe en vermeil repoussé, de forme contournée.

121 — Montre Louis XVI, à répétition et à double cuvette en or ciselé et guilloché, garnie de jargons. Elle est accompagnée de sa clef en or guilloché.

122-128 — Trente-trois peintures sur émail, d'époques diverses, qui seront vendues par lots.

129 — Deux petites mosaïques de Rome représentant des fleurs et des oiseaux en couleur sur fond de marbre noir.

Émaux de Limoges

130 — Petit médaillon rond. Peinture en grisaille teintée sur fond noir, attribuée à Léonard Limousin. Jeune femme et jeune homme jouant aux dés.

131 — Plaque provenant d'un baiser de paix. Peinture en émaux de couleurs et sur paillon. Le Christ en croix et les saintes Femmes.

132 — Plaque ovale. Peinture en grisaille, par Jean Laudin. L'Adoration des Rois Mages.

133 — Douze petites plaques ovales. Peintures en grisaille. Bustes d'empereurs romains.

134 — Médaillon rond. Peinture en grisaille représentant Hercule et le lion de Némée.

135 — Deux plaques de bourse. Peintures en émaux de couleurs; sur l'une est représenté un buste de jeune homme, et sur l'autre un buste de jeune femme.

136-164 — Trente-huit plaques de différentes formes, représentant des sujets divers ainsi que des portraits de saints personnages, par Laudin, Noualhier et autres. Elles seront vendues par lots ou séparément.

165 — Petite cassette, garnie de plaques peintes en émaux de couleurs sur fond noir. Travail moderne.

166-174 — Quatorze plaques, peintes en émaux de couleurs et en grisaille. Travail moderne. Elles seront vendues par lots ou séparément.

Objets divers

175 — Deux feuilles de manuscrits, du XIVe siècle, à sujets finement peints en couleurs et rehaussés d'or.

176 — Trois figurines, en ivoire sculpté, représentant des saints personnages.

177 — Deux plaques carrées, en cuivre repoussé, représentant la mort d'Absalon et Saül devant le roi David.

178 — Tableau carré, représentant des bustes et des figures de saints personnages peints en couleurs sur fond d'or. Travail greco-russe.

179 — Deux médaillons ovales, représentant deux bustes d'empereurs, laqués en or sur fond noir.

180 — Miniature ovale sur ivoire. Portrait d'homme.

181 — Deux pièces : plaque gravée en taille-douce, portant des blasons, des figures et la date de 1608, et petit reliquaire en argent.

182 — Quatre pièces : deux figurines de Chinois en biscuit et deux petits magots en pierre de lard.

183 — Deux vases, faïence de Delft.

184 — Plat en porcelaine du Japon.

185 — Plusieurs tapisseries anciennes.

186 — Quantité de porcelaines anciennes : plats, assiettes, théïère, sucriers, etc.

187 — Pendule Louis XVI, en bronze doré, ornée de colonnes surmontées d'un vase; socle en marbre blanc. Haut., 60 cent.; larg., 32 cent.

188 — Une fontaine en faïence de Moustiers.

189 — Statuette en bois sculpté; Vénus accroupie.

190 — Petit groupe en porcelaine de Saxe; deux amours.

191 — Une courte-pointe en point d'Alençon.

192 — Service en porcelaine de Chine.

193 — Un cabinet, meuble de l'époque de Louis XIII.

194 — Autre cabinet, de même époque.

194 — Un groupe d'enfants en marbre blanc.

196 — Une tabatière Louis XVI, en or et malachite, ornée de peintures.

197 — Plaque en faïence, par L. Toselli, sujet en couleurs, représentant les Israélites dans le désert recueillant la manne.

Très-belle pièce digne des anciens maîtres. (Signée.)

198 — Plusieurs miniatures anciennes.

199 — Statuette de Mercure, bronze ancien.

200 — Pot à eau et sa cuvette; très-belle pièce en faïence de Sceaux.

201 — Deux petites soupières en faïence.

202 — Vase de forme cylindrique, en faïence de Marseille, décoré de médaillons; l'un, d'après Teniers; l'autre, paysage sur les bords de la Méditerranée.

203 — Fontaine en faïence à deux robinets, bassin à bords contournés; décors bleu.

204 — PRUDHON. Sujet mythologique. Esquisse provenant de la vente des œuvres de Prudhon, du 15 avril 1894.

205 — Grand vase ovoïde à trois renflements, décor imité du Japon. Fabrique de Moustiers.

206 — Autre vase, même fabrique; même genre que le précédent.

207 — Grand plat en faïence de Marseille, décoré au centre d'un grand papillon ; pièce rare.

208 — Bois sculpté : le sacrifice d'Abraham ; œuvre très-finement traitée.

209 — Fusil révolver à quatre coups ; canons de Versailles à rechange, fabriqué par Le Lyon, chef d'atelier de la manufacture royale de Versailles; boîte remarquable : provenant de la vente de lord Seymour.

210 — JEAN COURTOIS. Email de Jean Courtois, signé au revers. Cette charmante composition représente le printemps de l'année (may).

211 — FRAGONARD. Miniature ovale. Jeune garçon, tête presque de face, tournée un peu vers la droite, cheveux noirs bouclés, col blanc rabattu, gilet noir, habit brun clair avec boutons, fond simple ; cercle en bronze doré du temps.

212 — Bronze ancien, représentant Marsyas attaché à un arbre.

213 — Soixante et onze assiettes en porcelaine des Indes.

Bronzes d'ameublement

214 — Très-grande pendule de style rocaille, en bronze doré, enrichie de guirlandes de fleurs et de figurines en ronde bosse : Vénus et Amours. Haut., 1 mèt. 42 cent.

215 — Deux très-grands candélabres de style rocaille, en bronze doré, à douze lumières, enrichis de figures de femmes bronzées, d'après Clodion. Haut., 1 mètre 53 cent.

216 — Quatre très-grands candélabres de style rocaille, en bronze doré, à douze lumières, enrichis de groupes de nymphes et satyres, d'après Clodion, bronzés. Haut., 1 mètre 40 cent. Ils seront vendus par paire.

217 — Deux très-grands bras de cheminée à douze lumières, de style rocaille, en bronze doré.

Les neuf pièces qui précèdent ont été exécutées dans les ateliers de M. Crozatier, et peuvent former la garniture d'un grand salon ou d'une galerie.

218 — Deux chenets en bronze, formés par un chien et un chat assis sur des socles de style rocaille.

219 — Lustre en bronze doré, à cariatides de femmes ailées, style renaissance. Il est à vingt-quatre lumières.

220 — Lustre de même style, enrichi de cristaux. Ce lustre n'est pas complet.

Meubles

221 — Très-grande console en bronze doré, supportée par des cariatides de satyres portant sur leurs dos des figurines d'enfants en ronde bosse. La frise est ornée de plaques en marbre vert de mer: le fond est garni de glaces.

222 — Deux consoles en bois noir, garnies de plaques en griotte d'Italie, sur pieds formés de consoles à têtes d'animaux chimériques en bronze doré, et fonds de glace.

223 — Console pareille à celles qui précèdent, mais plus petite et sans fond.

224 — Trois tables en marqueterie de cuivre, à pieds formés de cariatides en bronze doré. Elles seront vendues séparément.

225 — Deux très-grandes consoles en bois sculpté et doré, à figures d'enfants soutenant des écussons.

226 — Console du temps de Louis XIV, en bois sculpté et doré, à cariatides de femmes ailées.

227 — Console en bois de palissandre, à colonnes en bronze doré.

228 — Console en bois sculpté doré et peint en noir. Les pieds sont formés de dauphins.

229 — Deux tables-supports en bois sculpté et doré, avec incrustations de marbre.

230 — Deux consoles en bois sculpté et doré, à figures d'enfants.

231 — Deux consoles style Louis XIV, en bois sculpté et doré.

232 — Grande table de forme carrée en bois sculpté et doré; les pieds sont formés de cariatides de femmes.

233 — Console en bois sculpté et doré, style Louis XV, à guirlandes de fleurs.

234 — Deux torchères en bois sculpté et doré, style Louis XIV.

235 — Quatre encoignures avec peintures.

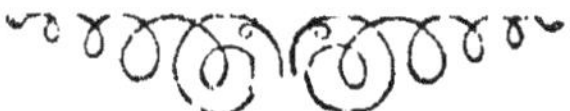

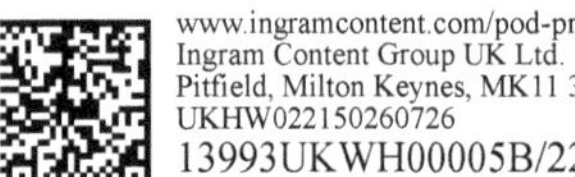

www.ingramcontent.com/pod-product-compliance
Ingram Content Group UK Ltd.
Pitfield, Milton Keynes, MK11 3LW, UK
UKHW022150260726
13993UKWH00005B/2270

9 782329 536767